Kazuo Iwamura

Le pique-nique de la famille Souris

Grand-père, Grand-mère,
Papa, Maman et nous, les dix enfants,
nous formons une famille de quatorze souris.
Moi, Benjamin, je suis le plus petit.

l'école des loisirs
11, rue de Sèvres, Paris 6e

Le soleil illumine la maison et le jardin de la famille Souris. « Aujourd'hui,

c’est le printemps ! » dit Papa, « si on préparait un pique-nique ? »

«Chic! on va manger des boulettes de riz!» «Oui, Benjamin,

mais donne-moi ta main, regarde, tu as mis ta blouse devant derrière ! »

«Bonne promenade !» disent les mésanges. «On voudrait bien

vous accompagner, mais c'est l'heure du déjeuner de nos petits ! »

Les souris trottent à la queue leu leu sur un chemin bordé de plantes

mystérieuses. Grand frère, le dernier de la file, joue du pipeau.

« Petite sœur, on cueillera ces fleurs violettes au retour… »

«Chut ! Personne ne nous a vus ! » murmurent les deux garçons.

Les souris sont sorties du bois. « La mer ! » crie Petite sœur.

Benjamin pense qu'elle a raison mais Maman dit que c'est le ciel !

Un, deux, trois… les enfants sont tous d'accord pour faire la course,

même Grand frère, pour une fois !

« Voyons, n'ayez pas peur ! » dit le monstre caché derrière les herbes,

« je n'ai pas de dents, je ne vous mangerai pas... »

« Et là-bas, au milieu de la mare, Grand-père, qu'est-ce que c'est ?

Un serpent ! » « Non ! » dit Papa, « je crois que ce sont des œufs de crapaud ! »

La famille, rassurée, a repris la route en chantant. Mais on dirait que,

devant, les garçons prennent leur élan… Où vont-ils ?

… Faire comme les grenouilles ! Hop ! Hop ! C’est très facile !

… Et plouf ! Sur le pont, ils font une drôle de tête ! « Dépêche-toi

de sortir ! » disent les frères, « il y a des crocodiles ! »

« Nous avons faim ! » chantent les sportifs en arrivant dans les pissenlits.

« Nous voulons le pique-nique ! Et faire sécher mon pantalon ! »

Le riz est délicieux. Tout le monde se régale, mais Benjamin a vu le coquin

qui va manger le dessert avant le plat de résistance…

Les souris dansent, le baigneur a remis sa chemise et Benjamin s'envole,

comme les graines du pissenlit. « Belle journée ! » dit la grenouille.

Adapté du japonais par Irène Schwartz
Maquette : Takahisa Kamijo

Titre original : « 14ひきのぴくにっく » (Doshin-sha, Tokyo)
Agence littéraire : Japan Foreign-Rights Centre
Loi numéro 49 956 du 16 juillet 1949 sur les publications destinées à la jeunesse : avril 1989
Dépôt légal : janvier 2013
Imprimé en France par CPI Aubin Imprimeur à Ligugé
ISBN 978-2-211-01403-8